www.ingramcontent.com/pod-product-compliance
Lightning Source LLC
Chambersburg PA
CBHW072145170526
45158CB00004BA/1513
* 9 7 8 1 0 9 1 2 1 7 2 2 5 *